KB231463
GARDEN Geranium

GARDEN Geranium

다육식물과 공예의 하모니

다육 × 공예

플로라

이 도서의 국립중앙도서관 출판예정도서목록(CIP)은 서지정보유통지원시스템 홈페이지(http://seoji.nl.go.kr)와
국가자료공동목록시스템(http://www.nl.go.kr/kolisnet)에서 이용하실 수 있습니다.(CIP제어번호: CIP2017019719)

다육식물과 공예의 하모니

다육 × 공예

발행일	2017년 8월 25일 초판1쇄 발행
지은이	한국하모니공예협회
펴낸이	이지영
편 집	이종택, 서경은
디자인	Design Bloom 이나리
펴낸곳	도서출판 플로라
등 록	2010년 9월 10일 제 2010-24호
주 소	경기도 고양시 덕양구 서삼릉1길 22-13 1층
전 화	02.323.9850
팩 스	02.6008.2036
메 일	flowernews24@naver.com

종이책 ISBN 979-11-87261-29-2

다육식물과 공예의 하모니

다육 × 공예

한국하모니공예협회

플로라

기존의 다육식물 키우기는 예쁜 모양의 다육식물을 감상하거나 소나무 분재처럼 다육식물의 화형을 멋지게 만드는 것에 초점을 두고 있습니다. 그리고 앙증맞은 다육식물을 모아 심어서 가꾸는 미니 가드닝도 많은 사람들의 관심을 모으고 있죠.

그런데 이런 흐름에 변화가 생겼습니다. 바로 '굳는 흙'의 등장때문인데요, 이제는 공예와 다육식물이 만나 생각지도 못하던 형태로 다육식물을 꾸미고 가꿀 수 있게 되었습니다. 한지공예, 냅킨아트, 도우공예 등에 다육식물을 접목시킬 수 있게 되면서 이전에는 불가능했던 다양한 시도가 가능하게 되었습니다. 원예와 공예의 만남으로 다육식물을 키우고 가꾸는 재미가 더욱 커진 것입니다. 다육식물 마니아들에게는 더더욱 기쁜 일이지요.

다육공예는 감상하는 대상에서 디자인하는 대상으로 다육식물의 성격을 새롭게 바꾸었습니다. 다른 공예에서 사용하던 다양한 오브제, 유리, 한지, 도우, 와이어 등으로 형태를 만들고 다육식물을 심어 가드닝의 즐거움과 공예의 창작성을 함께 누릴 수 있게 되었습니다. 이것이 가능하게 된 것은 '굳는 흙'의 역할이 컸습니다. 물에 반죽해서 원하는 모양을 만들 수 있고 일정 시간이 지나면 굳어져서 세우거나 엎어놓아도 쏟아지지 않기 때문입니다.

'굳는 흙'을 사용하면 일반 흙으로 제작이 불가능한 형태도 만들 수 있습니다. 다육식물이 물처럼 쏟아지는 모양도 가능하고 액자에 심는 것도 어렵지 않게 할 수 있습니다. '굳는 흙'이 없을 때, 액자에 다육식물을 식재하기 위해서는 흙을 이끼로 감싼 다음 치킨망으로 고정해 주어야 하는 과정을 거쳐야 액자 형태의 다육 가드닝이 가능했습니다. 하지만 이제는 '굳는 흙'으로 인해 그 과정이 단순해졌습니다. 공예와 다육식물 심기의 조합이 무한대로 커진 것이죠.

공예분야에서 활동하던 작가들 또한 다육식물과의 만남으로 새로운 영감을 얻고 있습니다. 공예는 완성된 작품을 감상하는 것으로 모든 활동이 끝나지만 다육식물과 결합하면 '창조'-〉'감상'의 완결에서 '창조'-〉'감상'-〉'가꾸기'로 이어져 원예치료의 효과까지 경험할 수 있습니다. 이렇다보니 창작의 과정은 원예의 결과까지 생각해야 하기 때문에 이제는 점점 자연주의, 생명 중심의 공예로 거듭나고 있습니다. 생각하지 못했던 것이 만나 만들어내는 시너지는 상상 이상입니다.

다육공예는 여러 부재료의 하모니를 통해 공간을 더욱 아름답고 생동감 있게 꾸밀 수 있습니다. 냅킨아트로

화기를 만들어 창가에 놔두면 어디에서도 볼 수 없는 창을 갖게 됩니다. 벽면에 장식한 다육식물 액자는 사계절 내내 싱그러움을 선사할 것이고 책상 위에 놓인 다육식물 조명은 공간을 푸르게 비출 것입니다. 다육식물만으로도, 공예만으로도 공간을 아름답게 바꿀 수 있지만 둘의 결합으로 훌륭하고 아름다운 소품들이 더 많이 만들어질거라고 생각합니다. 식물의 성장이나 생태변화에 대한 조예가 더욱 깊어지는 것은 다육공예의 또다른 매력포인트지요.

저희가 느끼는 이러한 성취감과 감동을 함께 나누고자 이 책을 기획하게 되었습니다. 무엇보다 우리 주위에 있는 병, 캔, 일회용품 등 모든 것들이 다육공예의 오브제가 될 수 있다는 것을 많은 분들께 알리고 싶었습니다. 또한 '굳는 흙'에 대해서 가지고 있는 편견을 조금이나마 해소하고 그 무한한 가능성을 보다 많은 분들과 나누고자 그간 저희가 공유했던 작품과 디자인 노하우를 공개하고자 합니다.

책을 내면서 저희는 다육식물의 아름다움에 또 한 번 반했습니다. 또한 '굳는 흙'을 통해 우리 주변에 쉽게 버려지는 일회성 용품들이 어떻게 훌륭한 인테리어 소품으로 재탄생될 수 있는지, 그 놀랍고 색다른 경험에 즐거웠습니다.

저희가 한 곳에 머무르지 않고 계속해서 앞으로 나아가며 한 단계 도약할 수 있도록 항상 격려해주시고 이끌어 주시는 하모니협회 회장님과 이사장님께 감사드리며 예쁜 작품들과 유익한 정보를 많은 이들과 나눌 수 있도록 도와주시는 도서출판 플로라에 감사드립니다.

끝으로 바쁜 와중에도 저희 작품을 멋지게 꾸며준 월간 플로라 식구들에게도 감사드리며 뒤에서 묵묵히 응원해주는 가족들과 제자들에게도 감사드립니다.

책을 내기까지 저희와 함께 마음으로 또는 힘이 나는 메시지로 응원을 해주신 많은 분들 진심으로 감사합니다. 앞으로 더욱 좋은 작품으로 많은 분들께 기쁨과 희망을 드릴 수 있도록 노력하겠습니다.

한국하모니공예협회

Contents 목차

PART 3 소장가치가 있는 다육공예 작품 만들기

PART 4 다육아트 갤러리

다육공예의 기초

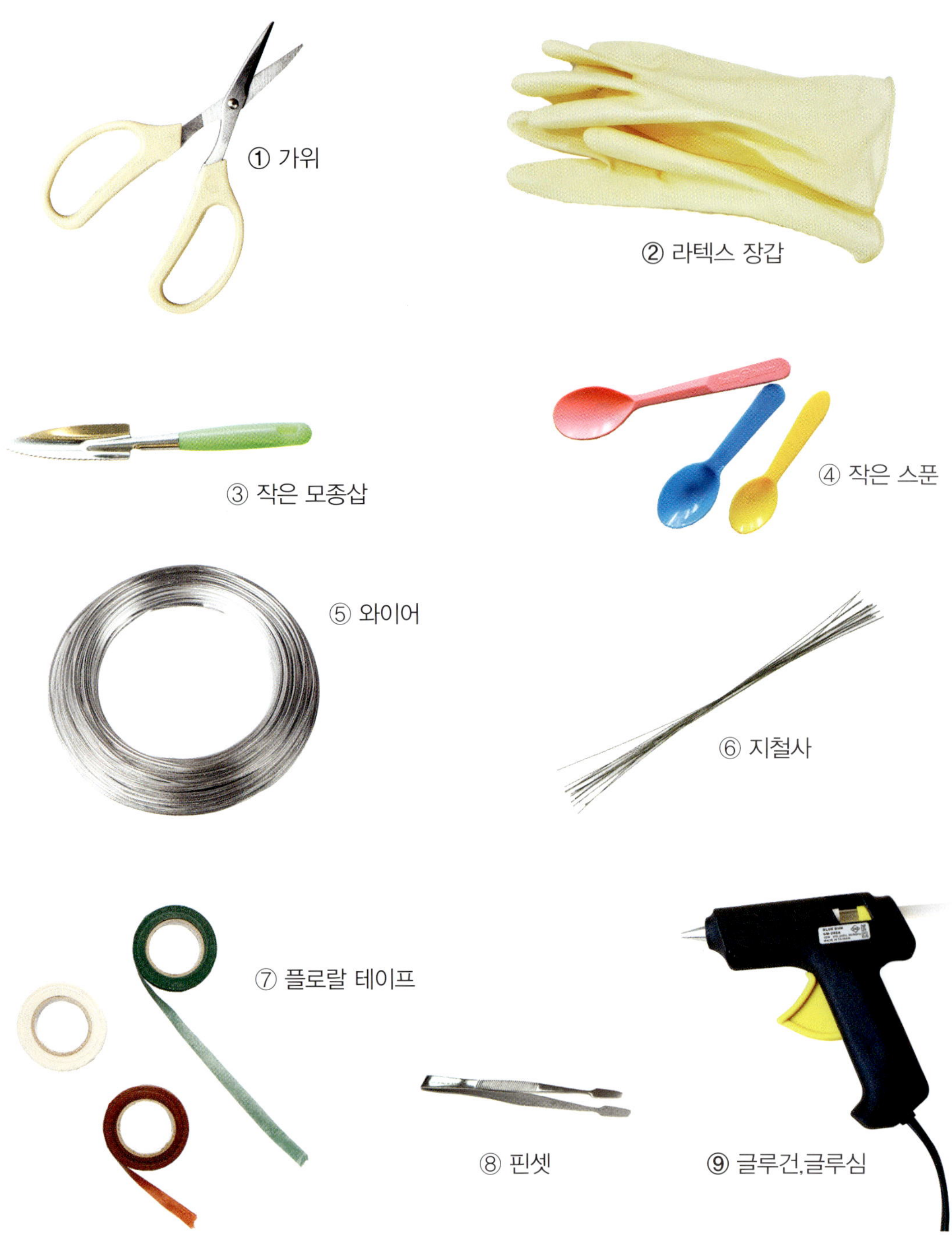

① 가위
② 라텍스 장갑
③ 작은 모종삽
④ 작은 스푼
⑤ 와이어
⑥ 지철사
⑦ 플로랄 테이프
⑧ 핀셋
⑨ 글루건,글루심

넬솔이란?

5리터(L)

1리터(L)

- 넬솔(Nelsol)은 다육아트 전용 배양토로 물로 반죽하여 빚는 흙으로 특유의 점성이 있다. 일정 시간이 지나 굳으면 물체 표면에 단단히 붙어서 매달아도 떨어지지 않는다. 겉은 단단하지만 일반 배양토와 같아서 식물의 초기 활착이 용이하도록 만들어져 식물 키우기에도 부족함이 없다.

모양별 다육식물에 대해 알아보자!

내가 표현하고 싶은 모양을 가진 다육식물이 어떤 종류가 있는지 궁금하다면 한번 참고해보세요. 많고 많은 다육식물들 중 5가지 모양별 대표 다육식물들을 간추려서 소개합니다. 각 모양별 다육식물의 이름을 알아두면 내가 꼭 만들고 싶은 공예 작품에 더 쉽게 활용할 수 있겠죠?

화려한 꽃 모양

길쭉한 탑 모양

누워자라는 모양
녹영
천대전송
얇은 잎, 우산 같은 모양
썬버스트
귀엽고 통통한 모양
녹란
울녀몽
흑법사
누워 자라는 모양
루비넥크리스

다육식물 기본심기

넬솔을 활용한 다육식물 기본심기 방법을 알아보자. 특히 넬솔 흙을 최적의 상태로 배합하고, 다육식물을 다듬는 방법, 식재할 때의 주의점 등을 잘 익혀두어야 한다. 기본기가 탄탄해야 다육식물과 공예를 활용해 보다 다양한 작품들을 만들 수 있고 식재된 다육식물들이 건강하게 성장하는 모습도 함께 감상할 수 있다.

1. 재료 준비하기

다육식물, 넬솔, 마사토, 핀셋, 화기로 쓸 용기, 장식용 각종 부자재

2. 넬솔 흙 배합하기 

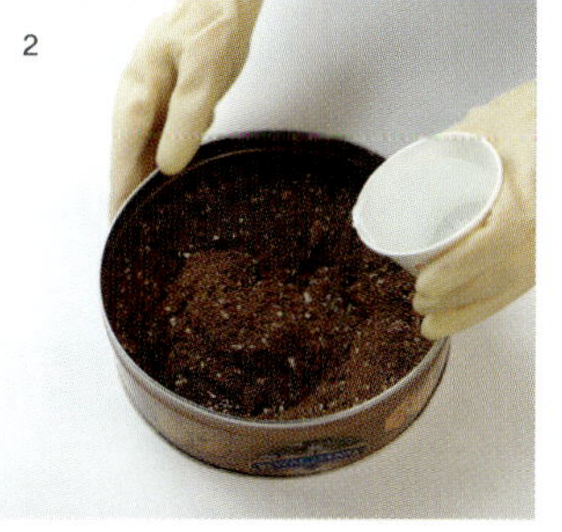

1. 입구가 넓은 용기에 넬솔을 준비한다.
2. 넬솔 흙의 1/2 정도 물을 넣어준다.
3. 주걱이나 막대로 살살 섞어준다.
4. 10~20분 후 점성이 생긴 것을 확인한다.

넬솔 흙 배합 TIP

- 물의 양이 많으면 질어서 다육식물에 무름병이 생길 수 있고 물의 양이 적으면 서로 응집력이 약해 식재 후 떨어질 수 있다.
- 흙의 점성은 주걱으로 떠보았을 때 실이 생기는 끈적끈적한 정도가 알맞다.
- 반죽한 흙이 남으면 지퍼백이나 밀폐 용기에 담아 보관한다.

3. 다육식물 다듬기 

1. 구매한 다육식물을 포트 용기에서 조심스럽게 꺼낸다.
2. 다육식물 뿌리에 묻은 흙을 최대한 깔끔하게 털어준다.
3. 잔뿌리가 너무 많다면 다듬고 넓은 그릇에 펼쳐서 건조한다.

다육식물 다듬기 TIP

- 흙을 최대한 털어서 흙 속의 미세한 벌레나 이물질이 달라붙지 않도록 한다.
- 잔뿌리를 정리해주면 뿌리내림 공간을 많이 확보할 수 있다.
- 무더운 여름엔 선풍기 바람으로 최대한 빨리 말려야 무름 현상을 예방할 수 있다.

4. 넬솔 흙을 이용한 다육식물 기본심기 

1. 다육식물을 식재할 용기의 약 1/3까지 굵은 마사토를 넣어준다.
2. 반죽한 넬솔 흙을 채운다.
3. 핀셋으로 뿌리 끝 쪽을 살짝 잡아 조심스레 다육식물을 식재한다.
4. 빈 공간을 작은 돌로 채우거나 장신구를 이용해 꾸민다.

5. 넬솔 흙을 이용한 다육식물 모아심기 

1. 모아심기를 할 다육식물의 양에 알맞은 크기의 용기를 준비한다.

2. 용기의 약 1/3까지 굵은 마사토를 넣어준다.

3. 반죽한 넬솔 흙을 채운다.

4. 핀셋으로 크기가 큰 종류를 중심에 심고 작은 종류로 빈 공간을 자연스럽게 채워준다. 다육식물 사이의 틈
   새를 이끼로 덮어준다.

5. 다육식물 모아심기 완성!

Q 넬솔에 대해 궁금해요.

넬솔은 어떤 성분으로 구성되어 있나요?

넬솔의 주 배합 재료는 수용성 합성 고분자(폴리머, 점성), 제올라이트(암석가루, 물과 결합하여 음이온을 발생하고 흡착의 특징), 버미큘라이트(질석을 약1000℃로 구운 것으로 배합토의 재료), 피트모스(부엽토), 참숯 등 입니다. 다육식물 생장에 꼭 필요한 영양소를 적절히 배합하여 마사토보다 웃자람을 최소화시킨 신소재 흙입니다.

점성과 굳는 성질을 만들기 위해 화학 약품을 사용한 것은 아닌가요? 인체에는 무해한가요?

넬솔 제작에는 수용성 폴리머 계열의 소재를 사용하고 있습니다. 유아용 기저귀, 생리대 등에도 사용되는 재료이기 때문에 인체에 무해하며 안전하고 편리하게 사용하실 수 있습니다.

넬솔에서도 다육식물이 잘 자라나요?
다육식물 외에 넬솔에 심을 수 있는 식물은 어떤 것이 있나요?

키우는 환경과 조건에 따라 다르고 간혹 여건이 맞지 않아 죽는 식물들도 더러 있지만 환경을 잘 유지시켜주고 성질에 맞게 관리해주면 넬솔에서도 대부분 통통하게 잘 자랍니다. 관엽식물도 가능합니다. 잎채소 특히 배추는 넬솔에서도 잘 자랍니다. 그 외에도 현재 많은 시도들을 계속하고 있습니다. 소나무나 장미 등 기존에 생각지 못했던 식물들도 실험 중인데 결과가 만족스럽게 나오고 있습니다.

넬솔에 심은 다육이가 죽었어요. 흙도 버려야하나요?

굳은 넬솔 흙은 며칠 물에 담가두면 풀어집니다. 이것을 다른 화분 위에 뿌려 주시거나 잎채소를 키울 때 재사용하셔도 좋습니다.

일정 기간이 지나면 흙 속의 영양분이 없어지지는 않나요?
기간은 얼마 정도 되는지, 다른 흙처럼 영양분을 추가로 넣는 것이 가능한지 궁금합니다.

초기 1년 정도의 영양분이 배합되어 있습니다. 이후에는 자체 개발한 넬솔 워터(영양 성분이 포함된 양액 비료)를 물과 함께 추가로 투여해주면 됩니다.

혼자서도 쉽게 사용할 수 있나요? 사용법을 따로 배워야하나요?

넬솔 사용방법 자체가 어려운 것이 아니라 기본적으로 화기에 심거나 간단한 소품을 만드는 정도는 혼자서도 가능합니다. 사용법을 숙지하신 후 물과의 배합이나 건조시간을 잘 지켜주시고, 충분히 잘 굳혀서 만들어보신 다면 혼자서도 사용해보실 수 있습니다.

하지만 인터넷이나 다른 자료를 통해 넬솔을 활용한 공예 작품들을 보시면 분명히 배우고 싶은 마음이 드실겁 니다. 공예와 접목해서 더욱 멋진 작품을 만들어보고 싶다면 교육프로그램을 수강해보시는 것이 비용이나 시 간 면에서 더 효율적입니다. 또한 공방에서 함께 배우고 만들어간다는 기쁨도 기대할 수 있습니다.

Q 공예를 배우고 싶어요!

공예에 관심이 있어서 배우려고 하는데 어디를 가야하는지 어떤 것부터 시작해야할지 모르겠어요.

현재 주목받는 분야나 흐름, 앞으로의 트렌드가 어떤지 먼저 다양한 정보를 알아보시는 것이 좋습니다. 또한 공예를 배우실 목적이 단순하게 취미생활을 위한 것인지 창업을 위한 것인지 깊이 고민해보시는 것이 좋습니 다. 잘 생각해보고 정하신 후 가까운 공방에 문의해서 좀 더 자세하고 구체적인 이야기를 들어보세요.

공예를 배우는 데 재료나 수업비용이 많이 들지는 않나요.

공예는 과목과 종류별로 수강료와 재료비가 다릅니다. 또 특강을 들을 건지 정규 전문가반을 수강할 건지에 따라서도 차이가 많기 때문에 잘 생각하셔서 계획을 세우신다면 낭비하는 예산을 줄일 수 있습니다

개인 공방을 열거나 수업을 하는 정도로 공예를 배우려면 보통 얼마나 시간이 걸리나요?

창업을 하실 예정이면 한 과목으로는 부족한 면이 있고 개인별 차이가 현저히 있다 보니 딱히 시간을 얼마를 투자해야 한다고 단정 짓기는 어렵습니다. 하지만 본인의 소질이나 여건을 잘 고려해 계획을 세우고 시간과 노력을 투자한다면 다양한 공예를 응용해 자신만의 스타일을 만들어나갈 수 있는 매력적인 일입니다.

공예 관련 부자재는 어디에서 구입하는 것이 좋나요?

공예수업을 받으시면 강사를 통해서나 협회를 통해 저렴하게 구입할 수 있는 곳을 알 수 있습니다. 직접 연락 하는 것이 어려우시다면 인터넷을 통해 간단한 만들기 키트를 구매하는 것부터 시작해보세요.

건강한 다육식물 고르는 TIP.

일단 병에 걸리지 않았는지, 벌레가 있지는 않은지 확인하는 것이 필수입니다. 너무 웃자라지 않은 것, 잎 끝 이 땅으로 쳐지지 않고 줄기 마디 사이 간격이 좁은 것을 고르는 것이 좋습니다. 색이 예쁘고 선명한 것이 좋 고 잎이나 외형을 잘 살펴보아 상처가 없고 줄기가 굵은 것으로 구매하는 것이 좋습니다.

PART 1

아이들과 함께하는
재미있는 다육놀이

손쉽게 따라할 수 있는 작고 귀여운 디자인으로
엄마와 자녀가 함께 다육공예를 체험해보세요!

공예, 한 뼘 배우기〉 도우아트

행복을 나누는 티타임

디자인 손인순

다육식물과 액자를 활용해 트레이 모양의 소품을 만들어보자. 잘 사용하지 않는 컵에 다육식물을 소담히 담아서 선물하거나 테이블 데코 장식으로 활용할 수 있다. 딥블루색의 트레이에 마포를 덧대고 화이트 컬러의 접시를 배치해 깔끔하고 세련된 분위기를 연출한다. 다육식물을 케이크 형태로 식재하여 좋은 사람들과 함께 음식을 나누는 행복한 시간을 표현했다.

만드는 방법 👣👣👣

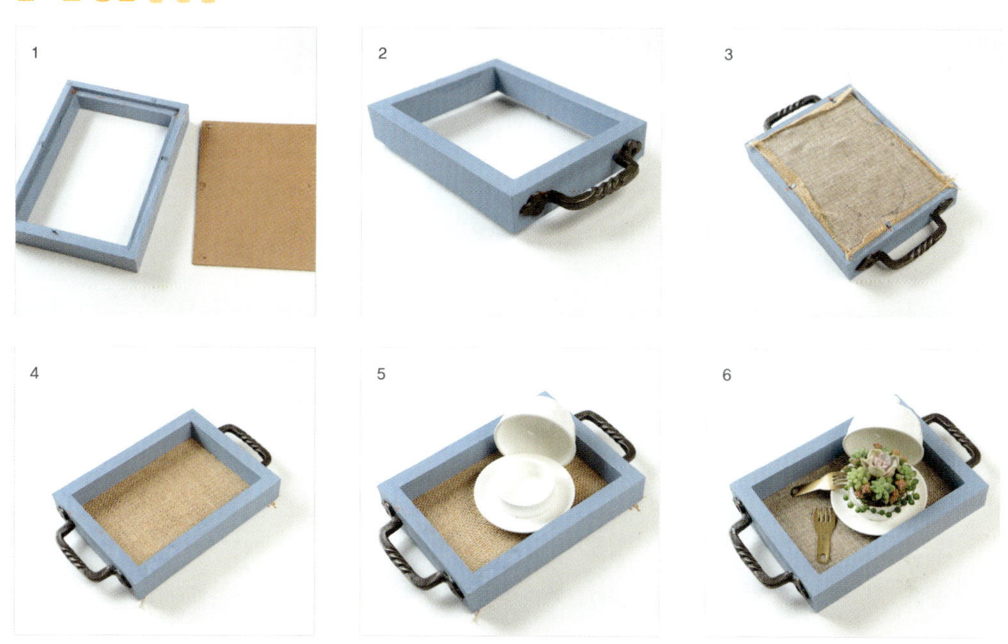

1. 뒤판을 떼어낸 액자를 준비한다. 사포로 문지르고 아크릴물감을 칠한다.
2. 손잡이를 액자에 고정한다.
3. 뒤판에 마포를 앞뒤로 덧씌우고 액자에 고정한다.
4. 앞면에서 보면 마포가 깔끔하게 부착되었다.
5. 컵, 접시, 포크 등으로 트레이를 꾸민다.
6. 다육식물을 식재한다.

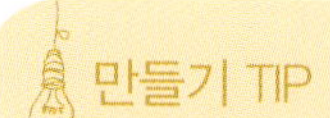 만들기 TIP

액자 뒤판을 마포로 덧댈 때 크기를 조금 넉넉하게 잘라야 액자틀에 끼워 넣었을 때 깔끔하게 마무리된다.

소재 청옥, 릴리시나, 희성, 녹영
부재료 액자, 마포, 글루건 또는 접착제, 컵, 접시, 포크, 사포, 젯소, 손잡이, 바니쉬, 나사못, 넬솔

다육식물 키 걸이

디자인 손인순

독서대를 이용하여 실내공간에서 다육식물을 감상할 수 있도록 키 걸이용 소품을 제작했다. 넬솔을 활용해 다육식물 볼을 만들어 여러 각도에서도 다육식물의 아름다움을 즐길 수 있다. 작은 토분에 다육식물을 심고 장식물처럼 데코해 아기자기함을 더했다.

소재 청옥, 홍옥, 취설송, 희성, 염좌, 솔세덤, 홍채각, 백도선, 애심, 동미인
부재료 원목독서대, 사포, 목공본드, 글루건, 티스푼 또는 포크, 목재판, 사포, 바니쉬, 젯소, 오너먼트, 와이어, 수태(마른이끼), 아크릴물감, 미니토분, 넬솔

소라에 심은
귀여운 다육식물

디자인 이은정

넬솔을 활용해 어디에든 다육식물을 식재할 수 있다. 빈 소라 껍데기에 넬솔 흙을 채워 넣고 다육이를 심으면 아주 쉽고 간단하게 귀엽고 앙증맞은 인테리어 소품이 완성된다. 여러 개를 만들어 단독으로 데코해도 좋고 테라리움에 활용할 수 있다.

소재 마커스, 리틀젬, 라울, 치와와엔
시스 ,이끼
부재료 소라 껍데기, 넬솔

열 손가락 귀여운
다 육 이 화 분

디자인 **조계현**

누구나 쉽게 만들 수 있는 손가락 화분으로 쓰다버려
진 목장갑에 세라믹재료를 이용해 만든다. 천의 질감
을 느끼며 천연색소를 통해 원하는 색을 표현하면서
아이들의 오감을 발달시키고 엄마와, 친구와 함께 창
작하는 즐거움을 느낄 수 있다. 친환경소재로 남녀노
소 누구나 안전하고 재미있게 체험할 수 있다.

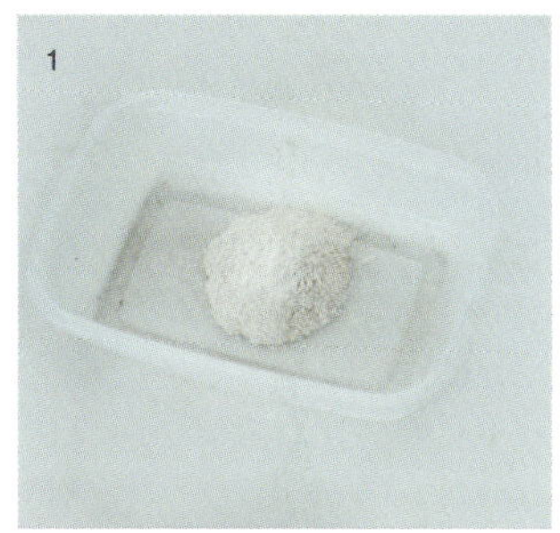  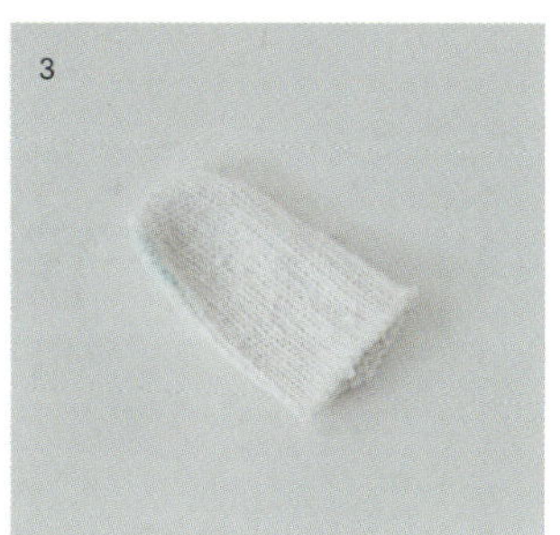

1. 세라믹 분을 덜어둔다.
2. 원하는 색의 천연색소를 섞는다.
3. 목장갑의 손가락 부분을 적당한 길이로 자른다.
4. 세라믹 분을 물에 반죽하고 골고루 묻힌다.
5. 완전히 건조시킨다.
6. 물에 반죽한 넬솔을 넣고 다육식물을 식재한다.
7. 나무판에 고정시키고 자유롭게 꾸며준다.

소재 청옥, 릴리시나, 희성, 녹영
부재료 목장갑, 세라믹 분, 천연색소, 작은 나무판, 글루건, 넬솔

토끼와 다람쥐도
좋아하는 다육식물

디자인 이은정

어떤 것이든 훌륭한 다육식물 화분이 될 수 있다. 넬솔로 우리 아이가 좋아하는 동물 인형에 손쉽게 다육식물을 심어보자.

소재 작은 크기의 다육식물 어느 것이든 OK!
부재료 동물 모형, 작은 화분 받침, 넬솔, 핀셋

아이들과 함께하는
다육 & 코르크공예

디자인 **조계현**

아이들과 함께 간단하고 재미있게 체험하고 만들 수 있는 작품이다. 친환경 소재인 코르크를 이용해서 만든 것으로 가정에서도 손쉽게 제작할 수 있다. 나무껍질과 흙을 만져보면서 아이들의 소근육과 오감발달에도 많은 도움을 줄 수 있다.

소재 리틀젬, 까라솔, 호야, 백로, 라울 등
부재료 원형 코르크 화분, 나무받침대, 넬솔, 나무 조각, 여러 가지 장식물

오 리 가 있 는
아이스크림막대 화분

디자인 **장영희**

다 쓴 휴지 심과 아이스크림막대를 활용해 화분을 만들었다. 컬러 자갈과 색깔 점토로 꾸며준 산뜻하고 귀여운 느낌의 다육 화분이다. 아이들이 좋아하는 장난감을 함께 데코해주면 아이 방을 꾸미는 장식용 화분으로 좋다.

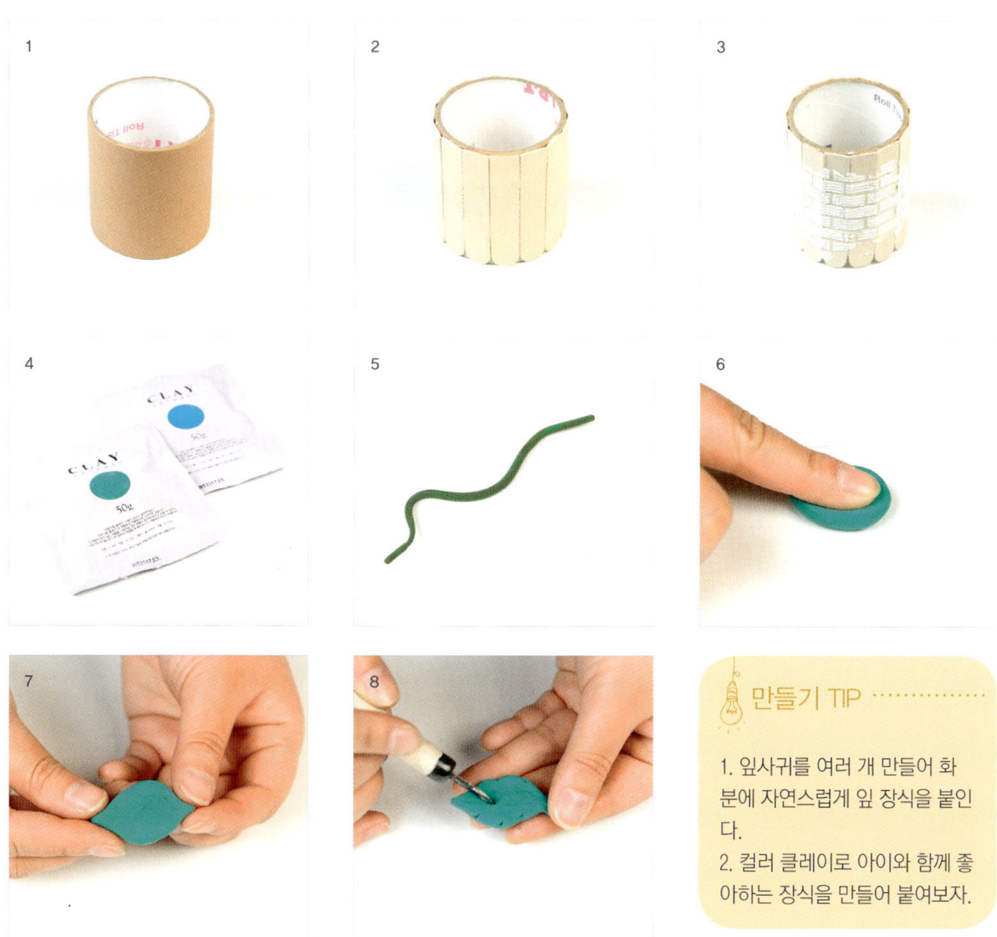

1. 휴지심을 아이스크림 막대 길이로 자르고 한쪽 구멍을 막아 준비한다.

2. 휴지심 겉면에 아이스크림 막대를 일렬로 붙인다.

3. 핸디코트로 원하는 무늬를 만들어준다.

4. 컬러 클레이를 준비한다.

5. 길게 모양을 내어 줄기를 만든다.

6. 물방울 모양으로 빚고 손가락으로 꾹 눌러준다.

7. 잎사귀 모양으로 만든다.

8. 조각용 칼 혹은 이쑤시개로 잎맥을 만들어준다.

소재 구미리

부재료 휴지심, 아이스크림막대, 컬러 클레이, 핸디코트 재료, 아크릴물감, 목공용 본드, 칼, 조각용 칼 또는 이쑤시개, 넬솔

나만의 석고화분에
다 육 심 기

디자인 **손인순**

깔끔하면서도 소박한 느낌을 주는 석고화분에 따뜻한 한마디를 적어 선물할 수 있는 다육 화분이다. 특별한 날, 설렘과 감사를 전하는 시즌상품으로 활용하기 좋다. 석고는 수분 조절 능력을 가지고 있어 다육식물이 더욱 잘 자라며 깨끗한 흰색으로 다육식물의 컬러가 더욱 돋보인다.

소재 베라하긴즈, 청옥, 화재, 백도선, 부용, 러브체인
부재료 저울, 석고가루 1kg, 비커, 물, 석고 섞는 볼, 석고 주걱, 크기가 다른 페트병 2개 또는 석고화분 몰드, 아크릴물감,
마포, 글루건, 리본, 붓, 넬솔

엄마를 기다리며

디자인 **조계현**

넬솔 흙을 활용해 그네 모형 소품에
다육식물을 식재했다. 분홍 컬러감
에 앙증맞은 리틀젬으로 소박한 매력
이 있는 인테리어 장식이다. 단독으
로 공간 장식에 활용하거나 미니 정
원꾸미기에 소품으로 사용할 수 있
다. 작은 LED 조명을 달면 더욱 유
용한 아이템이 된다.

소재 리틀 젬, 작은 사이즈의 다육식물이면
어느 것이든 OK!
부재료 그네 소품, 미니어처 인형, 넬솔

소녀, 봄을 기다리다

디자인 **이은정**

다양한 크기의 토분을 쌓아 봄을 기다리는 소녀의 이미지를 나타낸 작품이다. 간단한 재료 준비와 쉬운 방법으로도 풍성하게 다육식물을 연출할 수 있고 미니어처에 따라서 스토리가 있는 미니정원을 만들 수 있다.

만드는 방법 🌱🌱🌱

1. 크기가 다른 화분받침을 서로 포개고 둘레에 이끼를 심는다.
2. 가장 큰 화분에 넬솔 흙을 채우고 중앙 부분을 비워둔다.
3. 비워둔 부분에 두 번째로 큰 화분을 배치한다.
4. 가장 작은 화분을 그 위에 위치시킨다.
5. 맨 위에 오는 화분에 이끼를 채우고 두 번째로 큰 화분에도 이끼를 채운다.
6. 넬솔 흙을 채운 가장 큰 화분에 준비한 다육식물을 식재한다. 미니어처로 예쁘게 꾸민다.

소재 라디칸스, 백은무, 라즈베리아이스, 홍옥, 요술꽃, 루비앤네크리스, 리틀뷰티
부재료 토분, 화분 받침, 집 모형, 미니어처 인형, 이끼, 넬솔

💡 만들기 TIP

화분 안에 화분을 넣을 때 크기 차이가 명확하게 드러나야 예쁘다.

세라믹 아트 화분

디자인 **조계현**

세라믹으로 수건의 형태를 잡아주고 다양한
천연색소로 색을 표현하여 패브릭 그대로의
질감을 표현해낼 수 있다. 다 쓴 수건을 이용
해 자연스럽고 편안한 이미지의 화분을 제작
했다.

소재 부용, 까라솔
부재료 수건, 세라믹 분, 아크릴물감, 넬솔

버려지는 수건이나 양말, 장갑 등 을 활용해 화기를 만들어보자. 자연스러운 패
브릭의 질감과 아름다운 결을 살릴 수 있는 어느 천이든 재료로 사용할 수 있다.

신기한 광물재료로 만드는
도우아트

한국아트앤가드닝협회

도우아트란?

도우아트는 친환경 광물 소재가 물과 만나 그 성질이 변하는 과정과 굳는 특성을 활용해 다양한 창작활동이 가능한 공예의 한 분야이다. 차별적인 이온반응의 부산물로 발생되는 이산화탄소에 의해서 현무암의 구멍과 같은 기공이 생기면서 경화되는 성질을 공예에 활용하는 것이 특징이다.

**도우아트,
이런 점이 좋다!**

– 소재가 가진 특유의 질감이 따뜻하고 감성적인 이미지를 연출한다.
– 불에 굽는 과정 없이 스스로 경화되어 간단한 작업으로도 완성도 있는 작품이 탄생한다.
– 신소재에 대한 호기심을 불러일으키며 자연스럽게 과학적인 원리들을 학습할 수 있어서 교육적이다.

디자인_육선미

디자인_육선미

디자인_육선미

디자인_육선미

디자인_육선미

신기한 방석 정원

디자인 **육선미**

차가운 광물의 질감은 삭막한 현시대의 배경
이다. 그곳에 살아있는 생명을 입히고 어우러
지고 싶은 소통의 메시지를 표현했다. 손쉽게
따라할 수 있는 만들기 키트로 아이들과 함께
하는 시간을 가져보자.

소재 **불꽃, 칠복수**
부재료 **도우분, 물(도우분량의 30%), 지퍼백, 광물전
용안료, 기타 교반도구, 넬솔**

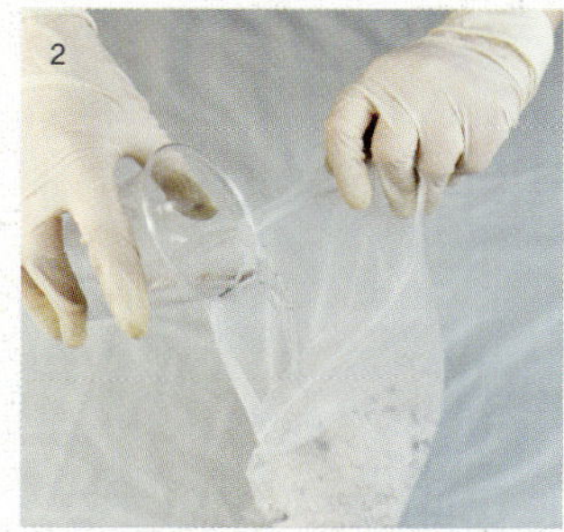
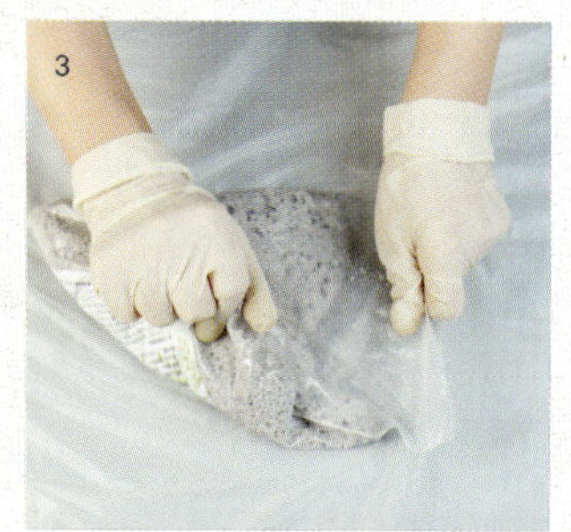

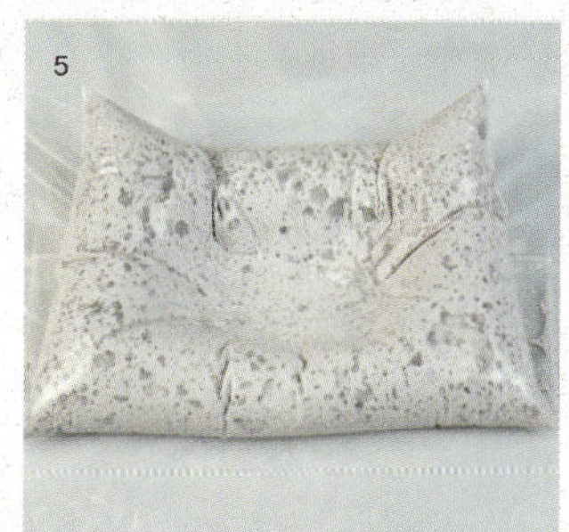

1. 도우분 400g에 물 120g정도를 준비한다.
2. 도우분을 담은 지퍼백에 물을 부어준다.
3. 도우분이 골고루 섞이도록 치대준다.
4. 반응에 의해 물성이 생기고 기포가 발생하면 지퍼백의 공기압을 빼내고 지퍼를 닫아 접어준다. 지퍼백 가운데를 주먹으로 약 2분 정도 눌러준다.
5. 약 10~20분 후 열이 발생이 되면서 경화가 시작된다. 지퍼백의 일부를 가위로 잘라주거나 구멍을 낸다. 최소 2시간 이상 경화시킨 후 비닐을 떼어낸다.

 만들기 TIP

1. 주먹으로 누르는 대신 무거운 컵 등으로 눌러주거나 지퍼백을 컵 위에 엎어두어도 좋다.
2. 방석정원은 모서리를 살리는 것이 포인트이기 때문에 충분히 경화된 후에 비닐을 벗겨내는 것이 좋다.
3. 식물을 심을 때는 흙을 살려서 심어준다.
4. 물과 섞이면 뜨거우므로 아이들과 사용할 때 유의하며, 장갑을 꼭 준비한다.

원 형 화 분

디자인 **육선미**

재활용기를 활용해 용기에서 직접 교반을 해
따로 굽지 않고, 그대로 굳혀 만든 나만의 숨
쉬는 화분이다.

소재 유접곡, 불꽃
부재료 도우분, 플라스틱 또는 종이 재활용 용기 서로
다른 크기로 2개, 안료, 물, 기타 교반도구, 넬솔

1. 종이 용기 또는 플라스틱 용기 등 재활용기를 씻어서 준비한다.
2. 큰 용기에 도우분을 부어준다.
3. 도우분의 30% 정도 분량의 물을 부어준다.
4. 가루와 물을 치대듯이 반죽한다. 나무젓가락을 이용해 골고루 휘저어
   주어도 좋다.
5. 교반 후 물성이 생기면 기포가 발생되면서 도우아트의 독특한 현무암
   이 생기는 것을 확인할 수 있다.
6. 플라스틱 용기나 패트병 등을 활용하여 가운데 부분을 눌러준다.
7. 기포발생으로 용기가 밀려나오지 않도록 용기에 찬물을 부어 무게감을
   준다. 최소 2시간 이상 충분히 경화된 후 겉 용기를 벗겨내어 완성한다.

만들기 TIP

1. 경화가 완전히 끝난 후 종이 용기를 찢어서 벗겨낸 후에 윗부
분의 테두리 부분을 샌딩해주면 현무암과 같은 모양의 멋진 작
품이 탄생한다.
2. 기포는 물의 양에 따라 달라지는데 예쁜 무늬와 견고성을 함
께 갖추려면 도우분의 30% 정도가 적당하다.
3. 도우분은 물과 반응하여 나오는 결과물이기 때문에 여름 같
은 습한 계절에는 반응이 늦게 발생하는 경우가 있다.

+ 아이디어 더하기

1. 종이컵에 도우분과 물을
반죽해 섞는다.
2. 기포가 발생하면 양초를
가운데에 눌러준다. 완전히
경화된 후 종이컵을 찢고
테두리를 샌딩하면 완성된
다.

PART 2

돈 안들이고 멋진 화분 만들기

열심히 키운 내 다육식물들, 이젠 화분이 모자라다구요?
내 손으로 만드는 업사이클링 아이템으로 특별한 다육 화분을 만들어보세요!

공예, 한 뼘 배우기〉 냅킨아트

철제 용기를 이용한
다 육 심 기
디자인 손인순

여름철 집안 인테리어 소품이나 선물용으로 활용할 수 있는 지중해 느낌의 다육화분이다. 핸디코트의 하얀색과 바다를 떠올리게 하는 은은한 컬러의 장식물들이 다육식물의 색감과 어우러져 산뜻하고 깔끔한 분위기를 연출한다.

만드는 방법

1. 철제 컵의 손잡이를 마 끈으로 감싼다.
2. 철제 컵에 핸디코트를 바른다.
3. 핸디코트를 바른 컵에 조개껍데기나 불가사리 장식을 붙인다.
4. 장식한 컵에 넬솔을 담고 다육식물을 식재한다.

소재 청옥, 특엽옥접, 리틀젬, 백도선, 희성, 홍채각
부재료 철제 컵, 핸디코트, 조개껍데기 또는 불가사리, 마 끈, 글루건 및 접착제, 핀셋, 가위, 글루건, 넬솔

만들기 TIP

1. 핸디코트를 칠한 철제 용기에 불가사리와 조개껍데기를 붙여 놓으면 마르는 과정에서 떨어질 수 있으니 완성 후 글루건과 접착제를 이용하여 다시 붙여준다.
2. 다양한 크기의 화기를 이용해 연출하는 것도 좋다.

휴지심으로 만드는
다 육 화 분

디자인 **손주연**

버려지는 포장지심, 화장지심, 우유팩 등에 핸디코트를 이용하여 화분을 만든 후 다육을 식재하여 작은 공간에도 생명을 불어넣어 줄 수 있다. 핸디코트는 바르는 양과 방향에 따라 질감이 달라지므로 표현하고자 하는 느낌을 잘 고려하여 제작한다.

만드는 방법

 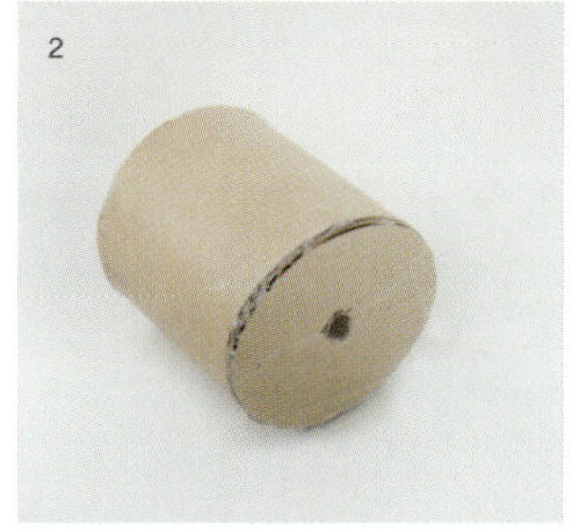 

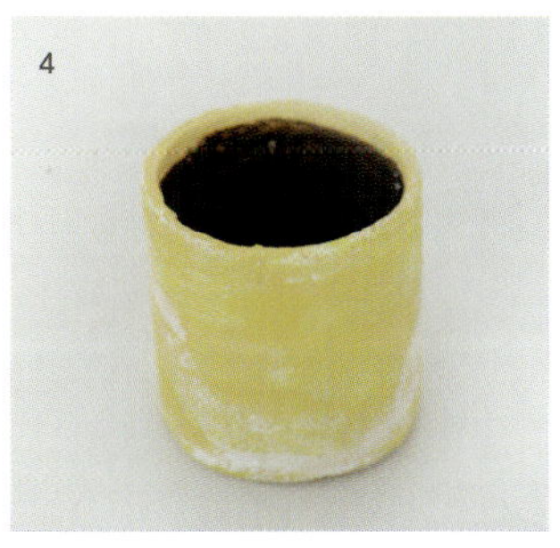 

1. 포장지 심을 적당한 크기로 자르고, 밑받침도 둥글게 오려준다.
2. 원통과 밑받침을 글루건으로 붙혀준다.
3. 전체적으로 핸디코트를 꼼꼼하게 바른 후 말려준다.
4. 아크릴 물감을 바르고 잘 말린 후 바니쉬로 마감처리를 해준다.
5. 다육식물을 식재하여 완성한다.

소재 나나후크미니, 킹마이더스, 연봉, 녹영, 홍옥
부재료 포장지심, 글루건, 핸디코트, 아크릴물감, 바니쉬, 가위, 붓, 넬솔, 핀셋

만들기 TIP

1. 밑받침 연결부위에 핸디코트를 꼼꼼하게 발라 수분이 스며들지 않도록 주의한다.
2. 수분이 스며들지 않도록 바니쉬를 여러 번 덧발라준다.

메리고 다육 감사선물

디자인 **조계현**

캔들을 만들거나 귀중한 소품을 보관하는 메리고 유리 용기에 다육식물을 심어 고마운 분께 선물해보자. 지금은 볼 수 없는 그 분을 생각하며 만들어도 좋고, 늘 곁에 있어 소중함을 잃은 누군가를 떠올리며 정성껏 마음을 심듯 작은 다육식물을 심어보자.

소재 라울, 프리티, 리틀젬, 루비진주
부재료 메리고용기, 넬솔, 메시지 태그

만들기 TIP ···

1. 뚜껑으로 덮어 선물할 수 있도록 뚜껑을 닫았을 때 식물이 상하지 않도록 용기높이를 넘지 않게 식재한다.
2. 유리와 같이 물빠짐이 불가능한 화기는 반드시 넬솔 흙에 식재하는 것이 좋다.

남는 화분 밑받침과 인형 장식물로 분위기 있는 인테리어 소품을 만들 수 있다.

다육식물로 만든 잔디 위를 산책하는 소녀의 모습을 표현했다.

소재 케시타, 펀 퀸 등 옆으로 퍼지는 모양의 다육식물
부재료 화분 밑받침, 넬솔, 인형 장식물

참새 · 꽃 · 다육식물
디자인 이은정

화분받침을 예쁘게 채색하고 압화를 이용해서 배경을 만들어주면 다육식물과도 잘 어울린다. 작은 미니어처 장식들을 이용해 이야기가 있는 인테리어 소품을 만들어보자.

소재 청옥, 데비, 라디칸스, 을녀심, 솔세덤, 요술꽃, 다비드, 리틀젬, 라울
부재료 화분받침, 미니 의자, 미니 토분, 압화 재료, 레진 재료, 새 장식, 핀셋, 글루건, 넬솔

스팸캔의 빈티지한 변신

디자인 **이은정**

버려지는 스팸캔을 활용하여 멋스러운 다육 화분을 만들어보자. 직사각형의 스팸캔은 다육식물을 모아심거나 다양한 공간에 데코하기에 알맞은 크기와 높이를 가지고 있다. 버리지 말고 모아두었다가 물감, 냅킨, 작은 장식물 등으로 꾸며 빈티지한 감성의 화분으로 활용해보자.

1. 캔바닥에 구멍을 뚫어서 준비한다.
2. 하모니스톤 가루에 물을 붓는다.
3. 붓으로 잘 섞는다.
4. 스팸캔 겉면에 반죽한 하모니스톤을 잘 발라준다.
5. 빠른 건조를 위해 드라이기로 말려준다.
6. 자연건조로 완전히 마를 때까지 기다린다.
7. 젯소를 붓으로 발라준다.
8. 마를 때까지 완전히 건조시킨다.
9. 아크릴 물감으로 점을 찍듯이 표현해준다.

소재 백은무, 요술꽃, 흑법사, 루비앤네크리스, 취설송, 소인제, 을녀심, 염좌, 성을녀, 다비드
부재료 스팸 캔, 넬솔, 하모니스톤, 젯소, 아크릴물감, 붓, 드라이기

> 💡 **만들기 TIP**
>
> 1. 캔 느낌을 최대한 없앨 수 있도록 겉면을 예쁘게 꾸민다.
> 2. 하모니스톤 처리를 한 후에는 맘에 드는 한지나 냅킨을 활용해 캔 겉면을 꾸밀 수 있다.

아름다운 동행

디자인 장영희

폐품을 활용해 환경보호를 실천
하고 인테리어 소품도 만들 수
있는 일석이조의 작품이다. 만
들기도 쉬우니 자녀들과 함께
따라해 보자. 금은색 락카는 은
은한 광택과 컬러로 메탈릭한
느낌을 줄 수 있다.

소재 원종프리티, 흑토이, 리틀젬, 다비드, 라울, 백토이, 을려심, 홍화장, 펜던스, 화재, 이끼류
부재료 페트병, CD, 접착제, 락카(금은색), 병뚜껑, 넬솔

쪼꼬미 다육화분 모음

디자인 **이은정**

다육식물과 사랑에 빠진 사람들은 멋스럽게 위엄을 뽐내는 다육이의 모양뿐 아니라 앙증맞게 옹기종기 모인 모양에 특히 마음이 끌린다. 작은 토분들을 모아 비슷한 컬러의 아크릴물감으로 개성 있게 칠해주고 장식을 더하면 제각각의 매력을 드러내면서도 서로 잘 어울리는 소품 세트가 완성된다.

소재 문가드니스, 솔세덤, 부용, 홍옥
부재료 다양한 크기의 토분, 아크릴물감, 리본, 이끼, 핀셋, 붓, 넬솔

시 나 브 로
디자인 장영희

자연에 가까운 재료로 만들어 보면 볼수록 편안함과
친근감을 느낄 수 있다. 자작나무 피를 이용한 가벼
운 무게감의 벽걸이용 소품으로 어느 곳에든 쉽게 장
식할 수 있어 인테리어 효과가 뛰어난 작품이다.

소재 다비드, 클라라, 풍란, 수태, 초록이끼, 황금세덤
부재료 괴목, 자작나무 피, 마 끈, 넬솔

연둣빛 들판 위의
다 육 축 제

디자인 **권지은**

MDF 합판에 간단한 무늬를 넣고 채색해 다육 인테리어 액자를 제작했다. 산뜻하고 시원한 컬러와 다육식물의 싱그러운 매력이 돋보이는 작품이다.

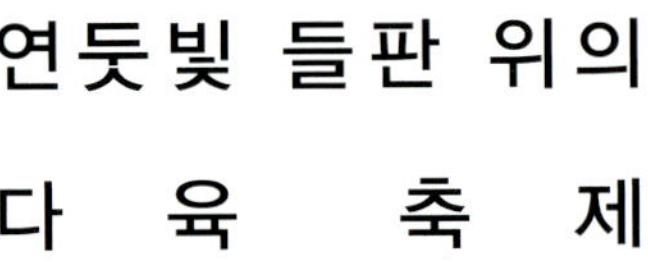

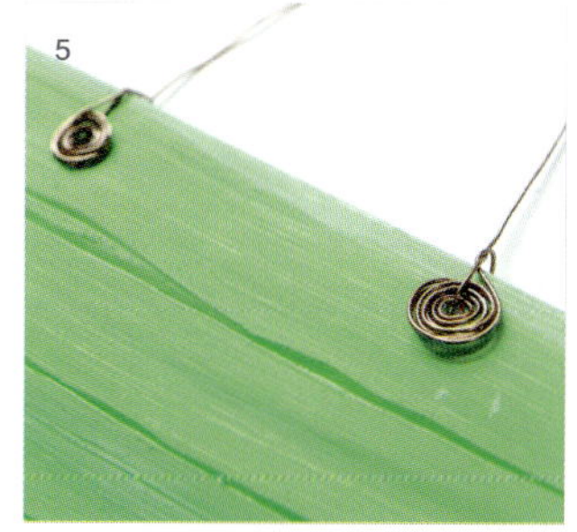

1. MDF 합판에 조각칼로 가로 줄무늬를 만든다.

2. 위쪽 중앙 부분에 드릴로 구멍을 두 개 뚫는다.

3. 젯소를 고르게 칠한다.

4. 아크릴물감을 칠한다.

5. 굵은 철사를 감아 고리를 만든다.

6. 바니쉬를 발라 마무리한다.

7. 장식용 나무를 글루건으로 고정시킨다.

8. 넬솔을 떠서 나무 위에 얹어준다.

9. 중심이 되는 키가 큰 다육식물을 먼저 식재하고 고사리는 잎을 살려 표현한다.

소재 고사리, 을여심, 부용, 춘맹, 나무
부재료 넬솔, 철사, MDF 합판, 젯소, 붓, 조각칼, 아크릴물감, 바니쉬, 전동드릴, 글루, 글루건, 핀셋

💡 만들기 TIP ┈┈┈┈┈┈┈┈┈┈┈┈┈┈┈

빈 공간을 채워줄 때는 다육 줄기의 아랫부분을 핀셋으로 잡고 깊숙하게 식재한다.

밀집 모자를 이용한
다 육 바 구 니
디자인 손인순

평소 잘 쓰지 않는 밀짚 모자에 사랑스러운 장식을 더해 따스한 봄 햇살을 느낄 수 있는 다육 바구니로 변신했다. 생활 소재를 활용해 친근함과 재미를 느낄 수 있는 디자인이다. 무심한 듯 무심하지 않은 분위기로 정원이나 테라스에 편안하게 데코할 수 있어 공간을 화사하게 살려준다.

만드는 방법 🌱🌱🌱

1. 밀짚 모자에 비닐팩을 꼼꼼히 깔아준다.
2. 일반 흙으로 밀짚 모자의 ⅔를 채우고 밀짚 모자의 양 옆을 바느질하듯 통과하여 모양을 잡아 고정시킨다.
3. 한쪽으로 쓰러지지 않게 균형을 잘 맞춰준다.
4. 넬솔을 사용하여 와이어가 보이지 않게 흙을 채워 넣고 다육식물을 식재한다.
5. 마 끈 또는 마 천을 적당하게 잘라 손잡이 모양을 만든다.
6. 모자에 리본을 달아준다.

소재 화재, 라일락, 염좌, 까라솔, 은전, 리틀젬, 그린에또, 녹영
부재료 밀짚 모자, 비닐팩, 마포 또는 마 끈, 와이어, 리본 끈, 접착제 및 글루건, 핀셋, 가위

💡 만들기 TIP

밀짚 모자를 사용하여 만든 다육 바구니는 이동이 용이한 장점이 있다. 그러나 이동시 모양의 변형이 생길 수 있기 때문에 바구니를 흙으로 꽉 채워준다.

장화에서 피어난
다육식물

디자인 **김보경**

폐노트북 재활용을 통해 징겨운 마을풍경과 아름다운 정원을 꾸며주었다. 냅킨아트와 모스를 활용해 이야기가 있는 작품으로 완성했다.

소재 프리저브드 모스, 장미허브, 프로리페라, 티피, 모란, 라우겐시스, 바위솔, 정야, 블루빈스, 을녀심, 팔천대, 구미무, 원종프리티, 레티지아
부재료 폐노트북, 냅킨아트 재료, 넬솔

다 육 의 대 항 해

디자인 이은정

공기정화에 유익한 숯과 다육식물, 모던하게 리폼한 화기가 시크한 매력을 드러내는 작품이다.

만드는 방법 👣👣👣

1. 배 모양의 길쭉한 타원형 화기를 준비한다.
2. 검은색 아크릴물감을 꼼꼼하게 칠해준다.
3. 물감이 완전히 마른 후 바니쉬를 발라 은은한 광택효과를 준다.
4. 빠른 건조를 위해 드라이기를 활용한다.
5. 완성된 오브제에 넬솔 흙을 올리고 숯을 놓은 뒤 다육식물을 식재한다.

소재 브레비폴리아, 흑토이, 라일락, 연봉, 청옥, 베라하긴스, 다비드, 홍화장, 애성, 백토이, 라울
부재료 길쭉한 모양의 쟁반, 숯, 검정 아크릴물감, 바니쉬, 핀셋, 붓, 넬솔

 만들기 TIP

숯을 세울 때 넘어지지 않게 단단히 고정
시킨다.

계단이 있는 미니정원

디자인 이은정

깨진 토분과 넬솔을 이용해 계단이 있는 정원을 꾸며보자. 화분 조각을 이용해 계단을 만들고 경사면을 이끼로 촘촘히 채워준다. 자갈로 바닥을 깔아주면 더욱 자연스럽고 근사한 화분 정원이 완성된다.

소재 프리티, 남십자성, 황금세덤, 리틀젬, 루비앤네크리스, 조안다니엘, 청옥, 흑토이
부재료 도분, 넬솔, 자연이끼, 자갈, 핀셋

소재 백로, 오로라, 부용, 카멜레온, 황금세덤, 애성, 프리티, 화재, 연봉
부재료 토분, 넬솔, 자연이끼, 자갈, 핀셋

탄화목의 변신

디자인 **이은정**

멋진 수형의 다육식물을 만났다면 숯부작에 도전해보자. 생명력이 다한 것 같은 탄화목도 아름다운 꽃나무로 변신할 수 있다. 넬솔로 자연 이끼를 섬세하게 붙여준 후, 꽃처럼 활짝 핀 큼직한 다육식물을 먼저 배치하고 줄기라인이 살아있는 다육식물을 자연스럽게 심어준다.

소재 펜탄드럼, 라일락, 베라하긴스
부자재 숯, 자연이끼, 넬솔

펜 덴 스 의 반 란
디자인 이은정

버려지는 유리병을 재단
해서 화분으로 재활용했
다. 멋지게 뻗은 펜덴스
의 줄기아 매끈하고 투명
한 유리병의 질감이 아름
답게 조화를 이룬다.

⟨주의⟩
유리병 단면이 날카로우며 재
단과정에서 다칠 수 있으므로
이점에 항상 유의해 제작해야
하며 재단도구 사용방법을 잘
숙지하거나 공예전문가의 도
움을 받는 것이 좋다.

소재 펜덴스
부재료 유리병, 유리병 재단
도구, 넬솔, 핀셋

화 이 트 와 인 에
빠 진 다 육 식 물

디자인 이은정

유리병을 재단하는 모양에 따라 재미
있는 연출이 가능하다. 여러 모양으로
재단해 집안을 꾸며보자.

소재 포르투나, 을녀심, 첨후엽변경, 부사, 펜
덴스, 녹영, 블루빈스
부재료 둥근 홈을 판 와인병, 핀셋, 넬솔

유리 보석함

디자인 이은정

고급 위스키 병처럼 예쁜 병, 버리기엔 아깝고 어떻게 활용해야할지 고민이었다면 예쁜 다육식물들을 보석처럼 담아서 전시해보자.

소재 리틀젬, 황금세덤, 라디칸스, 무스코이데움

부재료 위스키병, 핀셋, 넬솔, 경첩

붙이면 예술품으로 변신하는
냅킨아트

냅킨아트란?

그림이 있는 냅킨을 오리거나 찢어 붙여서 꾸미는 공예의 한 종류로 다른 공예와 접목하여 인테리어 소품을 제작하는데 활용도가 높다. 여러 가지 소품이나 오브제를 다양하고 예쁜 냅킨으로 꾸며서 이색적인 공예품으로 변신시킬 수 있다. 일상생활에서 사용하지 않는 소품이나 반제품 가구, 재활용품을 활용하기 때문에 실용적이고 경제적인 장점이 있다.

**냅킨아트,
이런 점이 좋다!**

- 버려지고 사용하지 않는 물건을 나만의 개성과 감성으로 리폼하여 새롭게 활용할 수 있다.
- 그림을 잘 그리지 못하는 사람이라도 손쉽게 냅킨아트를 할 수 있다.
- 내가 원하는 디자인을 프린트하여 하나뿐인 수제 냅킨을 활용해 작품을 만들 수 있다.

디자인_권지은

디자인_이은정

꽃무늬 원피스를
입은 재활용 화분

디자인 **이은정**

붉은 장미 무늬 냅킨을 골라 예쁜 꽃무늬가
돋보이는 화사한 다육 화분을 만들어 보자.

소재 모란, 마커스, 월토이, 취설송, 라일락, 미야꼬오
도리, 화재, 스프리스올리버, 이끼
부재료 일회용 용기, 하모니스톤, 냅킨, 풀, 바니쉬, 핀
셋, 붓, 넬솔

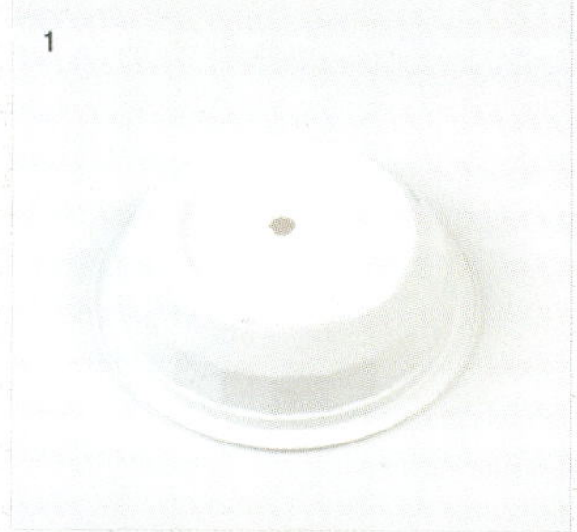

1. 일회용 용기 밑바닥에 구멍을 뚫어서 준비한다.
2. 겉면에 하모니스톤을 반죽해 칠한다.
3. 장미 그림의 냅킨에서 꽃송이와 잎 부분을 손으로 잘 찢어둔다.
4. 용기 겉면에 풀칠을 하고 꽃무늬를 자연스럽게 붙여준다.
5. 냅킨이 완전히 마르면 바니쉬를 칠한다.

💡 만들기 TIP

1. 선택한 냅킨의 분위기와 원하는 질감을 핸디코트로 표현해준다.
2. 냅킨의 무늬를 잘 살리되 배경의 하얀색이 많지 않도록 세심하게 찢어야 예쁘게 만들어진다.
3. 윗면이 넓은 용기에 다육식물을 단독으로 심을 때는 주변부를 자연이끼로 채워 자연스럽게 마무리한다.

닭이 있는 풍경

디자인 **이은정**

낡은 쟁반에 냅킨아트를 활용해 그림과 다육식물이 아름답게 조화를 이루었다. 선택한 냅킨과 다육식물의 색감이나 분위기를 잘 고려하면여느 예술품 못지않은 멋진 작품이 완성된다.

소재 백은무, 흑토이, 황금세덤, 솔세덤, 라디칸스, 루비앤네크리스, 라울

부재료 냅킨아트 재료, 젯소, 풀, 아크릴물감, 쟁반, 마천, 나뭇가지

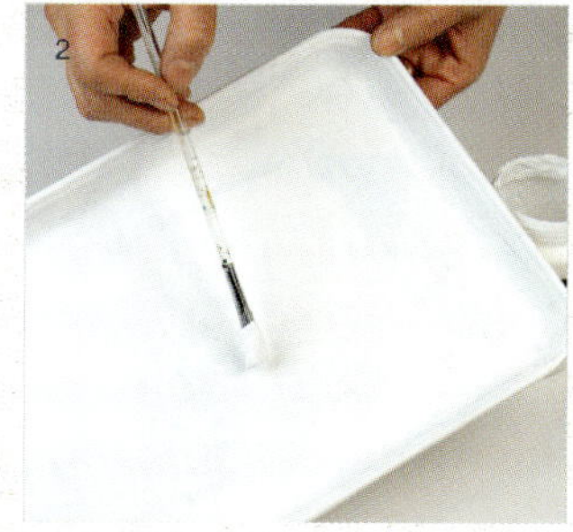

1. 낡은 쟁반을 준비한다.
2. 쟁반에 젯소를 골고루 칠한다.
3. 젯소가 건조되면 쟁반에 풀칠을 해서 준비한 냅킨을 붙이고 바니쉬를 바른다.
4. 만든 화분을 쟁반에 붙이고 나뭇가지와 리본으로 장식하고 다육식물을 식재한다.

💡 만들기 TIP

1. 냅킨의 배경 부분을 손으로 찢어서 오브제의 빈 부분에 붙이면 더욱 자연스럽게 표현할 수 있다.

2. 경계면을 비슷한 컬러의 아크릴 물감으로 점을 찍듯이 표현해주면 훨씬 부드럽게 연출할 수 있다.

PART 3

소장가치가 있는
다육공예 작품 만들기

다육공예와 넬솔의 만남은 새로운 세계의 시작입니다.
혼자보기 아까운 고퀄리티 다육공예작품들을 함께 만나봅시다!

공예, 한 뼘 배우기〉 한지아트

크리스마스 트리

디자인 손주연

크리스마스 분위기를 느끼게 해주는
다육 리스이다. 따뜻한 난롯가에 앉아
도란도란 이야기꽃을 피우며 밤새 산
타를 기다리는 아이들의 모습을 상상
하며 만들었다.

소재 화재, 핑크프리티, 레티지아, 구슬얽이,
그린에또, 오로라, 녹탑
부재료 리스틀, 조화(솔잎, 솔방울, 열매), 겨
울 느낌을 주는 장식물, 글루건, 가위, 핀셋,
넬솔

링 폼 리스

어디에 두느냐에 따라 벽장식이나 테
이블 센트피스로 데코할 수 있어 활용
도가 높은 작품이다. 전체적으로 산뜻
한 연둣빛에 붉은 포인트로 화사한 봄
을 느끼게 해주는 소품이다.

소재 핑크프리티, 마커스, 올리비아, 적귀성,
홍옥 블루빈스
부재료 링 폼, 자작나무 껍질, 실리콘, 넬솔,
핀셋, 리본

여름 다육액자

디자인 손주연

파란색으로 채색한 삼지닥으로 구조물을 제작하고 여름 분위기를 내는 장식물을 덧붙여 시원한 바다
를 연상시키는 액자 소품을 완성했다.

소재 녹영, 마커스, 홍옥, 치와와린제, 까라솔, 청옥, 삼지닥
부재료 넬솔, 핀셋, 가위

유리볼 테라리움

디자인 **조계현**

아기자기한 미니정원을 꾸며 모빌처럼 매달아둘 수 있는 아이템이다. 테이블 위에 올려 놓을 수도 있어 활용도가 높은 소품이다. 간단하게 유리볼을 활용해 식물을 키우는 재미와 여유를 일상 속에서 느껴보자. 공기정화에 좋은 틸란시아 종류를 추가해 만들어도 좋다.

소재 리틀젬, 희성, 이끼 등
부재료 고리가 달린 유리볼, 피규어, 소품

행 복 바 이 러 스
디자인 이은정

컬러 자갈로 시원한 느낌을 주는 유리
볼 테라리움이다. 위쪽이 비스듬하게
열린 형태로 아이들과 꾸미기도 좋다.

소재 핑클루비, 을녀심, 리틀젬, 라울, 프리티,
블랙베리, 이끼
부재료 유리볼, 색색의 자갈, 미니어처 인형,
핀셋, 스푼, 모종삽, 넬솔

유리볼 속 우리 집

디자인 **권지은**

집 모형 소품과 자갈로 마당이 있는 집을 구성했다. 컬러풀
한 프리저브드 모스를 함께 활용하면 원하는 색감을 더욱
풍부하게 표현할 수 있고 다육식물과도 잘 어울린다.

소재 리틀젬, 라울, 프리티, 희성, 프리저브드 모스, 자연이끼
부재료 유리볼, 자갈, 미니어처 소품, 핀셋, 스푼, 모종삽, 넬솔

레 드 와 인

디자인 이은정

넬솔 흙의 특성을 잘 보여주는 작품으로
와인 잔 안에서 와인이 쏟아지는 장면을
다육식물로 연출했다. 계절에 따라 깊은
와인 컬러로 물드는 다비드의 색감 변화
가 작품의 포인트이다.

소재 다비드
부재료 와인 잔, 핀셋, 넬솔

새롭게 피어나다

디자인 조계현

빈티지한 분위기의 선물용 액자 소품이다. 나무의 질감을 표현하고자 붓의 터치를 조절하고 컬러 톤을 다운시켜 편안한 느낌을 주고자 했다. 연봉이나 오로라, 부용 같은 분홍빛이 감도는 다육식물을 마치 메인플라워처럼 구성하고 작은 얼굴을 가진 다육식물을 바깥으로 향하도록 식재해 생동감이 넘치는 액자 작품이다.

소재 연봉, 오로라, 부용, 홍옥, 취설송
부재료 MDF 액자, 아크릴물감, 넬솔

두레박 속의 다육식물

디자인 **이은정**

선물로 들어온 숯 부작 바구니에 다육식물을 식재해서 인테리어 소품으로 재탄생시켰다. 숯과 다육식물의 하모니가 돋보이며 정겨움을 느낄 수 있는 작품이다.

소재 소송록, 루비앤네크리스, 백은무, 여제, 연봉, 애성, 리틀젬, 베라하긴스
부재료 숯, 바구니, 넬솔, 핀셋

이 중 화 기

디자인 안금옥

빈티지한 색감을 가진 다육식물들은
도자기 화기와 잘 어울린다. 한국적인
분위기의 주전자형 도자기에 소복하게
다육식물을 심어보자.

소재 블루빈스, 라디칸스, 홍옥, 백모단, 을려
심, 멕시코클라바타, 베라하긴스, 파필라리스
부재료 넬솔, 핀셋, 가위, 주전자형 도자기

축하선물용
다육꽃다발
디자인 손주연

원형 다발과는 달리 한쪽 면을 돋보이게 구성해 졸업식, 증정용, 축하, 시상식, 행사용으로 많이 사용되는 형태의 꽃다발이다. 컬러에 포인트를 주어 기념사진을 찍을 때 인물이 훨씬 살아난다.

소재 로라, 핑크루비, 염좌, 킹마이더스, 홍옥, 레티지아
부재료 화분망 1장, 알루미늄와이어 굵은 것, 지철사, 가위, 포장지, 리본, 핀셋, 넬솔

만들기 TIP

1. 크고 포인트가 되는 다육식물을 아랫부분에 식재해 무게중심을 만들면 안정감을 줄 수 있다.
2. 선물하기 전에 미리 제작하여 하루 이상 굳힌 후 선물한다.

라운드형 꽃다발

디자인 손주연

동그란 부케형 다발로 부드럽고 사랑스러운 분위기의 작품이다.

소재 라일락, 파필라리스, 적귀성, 핑크프리티, 마커스, 희성
부재료 비닐랩, 알루미늄와이어 굵은 것, 플로랄 테이프, 지철사, 넬솔, 포장지, 리본, 실크플라워 약간

만드는 방법 🪴🪴🪴

1. 흙을 털어내고 다듬은 다육식물의 뿌리를 넬솔로 감싼다.
2. 알루미늄 와이어를 덧대고 랩으로 감싼다.
3. 플로랄 테이프로 마감한다.
4. 메인이 되는 다육식물을 중심으로 잡고 왼쪽 위에서 오른쪽 아래로 향하게 사선으로 잡은 후 지철사로 바인딩 포인트를 묶어 준다.
5. 패턴이 있는 색화지로 프릴을 만들어 감싼다.
6. 플로드지로 한 번 더 감싸고 마 포장지를 한 겹 덧대어 리본으로 마무리한다.

💡 만들기 TIP

비닐랩 대신 지름이 큰 스트로우에 넬솔을 넣어 식재해도 좋다.

프렌치 다육식물 부케

디자인 손주연

내추럴한 스타일로 높낮이를 주어 심플하면서도 자연
스럽게 연출했다.

소재 흑토이, 적귀성, 마커스, 라일락, 웅동자, 레티지아, 치와와
린제, 왁스, 사비아나
부재료 20~22번와이어, 플로랄 테이프, 장미 줄기, 지철사, 리본,
넬솔

다육식물 홀더 부케

디자인 손주연

따뜻한 봄날 사랑스런 신부에게 전하는 원형
다육부케로 작고 귀여운 신부를 위한 깜찍한
스타일입니다.

소재 연봉, 라일락, 녹영, 마커스, 파필라리스, 청옥,
핑크프리티, 라디칸사, 홍옥, 춘맹, 적귀성
부재료 부케 홀더, 넬솔, 핀셋, 수태, 리본

다육식물 쥬얼리
부케 & 부토니어

디자인 손주연

쥬얼리를 이용하여 만든 부케로 고급스러움을 강
조한 작품이다.

소재 마커스, 나나후크미니, 까라솔, 그린에또, 홍옥, 춘맹
부재료 18번 와이어, 흰색 플로랄 테이프, 1.5mm 줄구슬,
엔젤헤어, 밀레니엄 와이어, 비즈, 넬솔, 지철사, 리본

캔 뚜껑과 와이어를
이용한 명함 꽂이

디자인 **손인순**

병뚜껑과 와이어의 만남으로 손쉽게 만들 수 있고 실용적인 명함 꽂이를 제작했다. 낡은 양철통의 앤틱한 느낌과 다육식물의 깜찍함이 돋보이는 인테리어 소품이다.

소재 희성, 청옥, 동미인, 솔세덤, 애심, 레티지아, 베라하긴즈
부재료 잼 병뚜껑, 와이어, 단추, 가위, 글루건 또는 접착본드, 아크릴물감, 젯소, 붓, 사포, 바니쉬, 양철모형, 볼펜 또는 연필, 핀셋, 가위, 글루건, 넬솔

1. 병 뚜껑을 사포로 문지르고 젯소를 바른 후 아크릴물감으로 병뚜껑을 색칠하고 바니쉬로 마무리한다.
2. 적당한 길이로 자른 와이어를 볼펜대에 3바퀴 정도 감아 명함을 꽂을 부분을 만든다.
3. 단추 구멍에 모양낸 와이어를 넣어 접착제 또는 글루건으로 고정한다.
4. 양철통 모형에 다육식물을 식재하고 식재한 양철통 모형을 병뚜껑에 붙인다.

💡 만들기 TIP

뚜껑 자체의 무게가 무겁지 않기 때문에 캔의 아래쪽에 석고를 넣거나 자석판을 뚜껑 크기에 맞추어 잘라 붙이면 안정감 있게 사용할 수 있다.

오리 가족이
있는 마당

디자인 **이은정**

오리 모양의 귀여운 피규어와 프리저브드 이끼, 꽃
소재도 조금씩 사용해서 재미난 풍경을 연출했다. 다
소 밋밋할 수 있는 바닥 부분에 포인트가 될 수 있도
록 전체적인 색감과 어울리는 톤의 냅킨을 활용해 꾸
며주었다.

소재 프리티, 리틀젬, 취설송, 올리브, 염좌, 아메치스, 프리저브
드 모스
부재료 넬솔, 도마, 소품, 돌

돔베(도마) 에 핀 다육

디자인 이은정

쓰지 않는 도마에 벨솔을 올리고 다육식
물을 식재했다. 오리와 강아지가 함께 노
는 여유로운 집마당의 모습을 꾸몄다.

소재 리틀젬, 녹영, 희성, 황금세덤, 다비드, 백은
무, 모란
부재료 도마, 미니 소품

꽃이 있는 몰드 액자

디자인 **권지은**

타원형의 액자에 탐스런 꽃무늬 냅킨아트로 장식하고 이와 비슷한 분위기의 다육식물들을 조화롭게 배치했다. 전체적으로 부드럽고 은은한 무드를 연출하는 공간 장식이다.

소재 핑크프리티, 리틀젬, 블루빈스, 프로리페라, 희성
부재료 몰드 액자, 넬솔, 핀셋, 냅킨아트 재료

비슷한 타원형의 액자에 그림을 그려놓은 듯 냅킨아트로 장식하고 이와 비슷한 분위기의 다육식물들을 조화롭게 배치했다. 냅킨의 무늬와 다육식물의 소재에 따라 다양한 느낌으로 원하는 다육 액자를 만들 수 있다.

소재 화재, 리틀젬, 펜덴스, 프로리페라 등
부재료 몰드 액자, 넬솔, 핀셋, 냅킨아트 재료

솔방울과 다육의 만남

디자인 **권지은**

나무판을 채색하고 냅킨 아트와 솔방울을
활용해 행복이 넘치는 분위기의 벽걸이 작
품을 만들었다.

소재 **파이브스타, 그랜드플로라, 퍼플딜라이트 등**
부재료 **나무판, 아크릴 물감, 솔방울, 넬솔, 핀셋,
철사**

사랑 가득
나무바구니

디자인 **권지은**

집 모양의 벽걸이식 바구니에 다육식물을 식재해 행복
과 사랑이 가득한 우리 집을 표현하는 작품이다.

소재 모란, 카멜레온, 마커스, 실버스타, 티피, 레티지아, 천후엽
부재료 벽걸이식 바구니, 넬솔

철제 새장을 이용해 행잉용 다육식물 소품을 제작했다. 오브제와 어울리는 풍경을 다육식물로 표현해주고 넬솔의 장점인 고정력을 활용해 새장 위쪽에 호야를 함께 식재해 드라마틱한 작품으로 완성했다.

소재 백은무, 앵성, 은설, 요술꽃, 원종프리티, 리틀젬, 블루빈스, 아악무, 화재, 솔세덤, 황금세덤, 정야, 핑클루비, 호야
부재료 철제 새장, 넬솔, 핀셋

미니 바구니에
담 긴 다 육

디자인 **권지은**

귀여운 사이즈의 바구니 한 쌍에 다육식물을 소복히 심
었다. 바구니가 주는 푸근함과 다육식물의 감성이 잘 어
울린다.

소재 클라라, 자라고사, 까라솔, 우주목, 원종프리티, 정야, 애성,
애심, 펜탄드럼, 남십자성
부재료 바구니, 넬솔, 핀셋

행 복 한 한 쌍

디자인 권지은

어떤 바구니를 선택하느냐에 따라 다양한 다육식물 인테리어 소품을 사용할 수 있다. 선물용으로도 좋은 멋스런 바구니에 다육식물을 직접 심어 특별한 추억을 선사해보자.

소재 펜덴스, 메비나, 라울, 이브, 프리티, 적귀성, 정야, 마커스, 백모단, 희성, 그린에또
부재료 바구니, 넬솔, 핀셋

다육식물 케이크

디자인 손주연

다육식물로 만든 케이크에 특별한 날을 기다리는 설렘을 담았다. 핸디코트로 생크림의 질감을 표현하고 넬솔을 붙여 화려한 모양의 다육식물을 풍성하게 심어주었다. 파티, 돌잔치, 결혼기념일 등 좋은 날에 다육 케이크와 함께 더욱 행복한 추억을 만들어보자.

소재 까라솔, 올리비아, 라일락, 녹영
부재료 스티로폼 케이크 모형, 핸디코트, 우드락 본드, 넬솔, 핀셋, 가위

꿈 의 정 원

디자인 손인순

토분의 컨트리한 이미지와 어울리는 아
늑하고 소담한 정원을 구성하고 와이어
를 활용하여 도시적인 느낌을 함께 표
현했다. 토분의 크기를 조절하여 원근
감을 나타내고 직접 만든 석고 집 모형
과 와이어를 이용해 입체감을 표현하는
데 포인트를 두었다.

소재 베라하긴즈, 동미인, 솔세덤, 홍일산, 흑
사, 녹비단, 라일락, 홍사, 녹탑
부재료 토분 다른 크기로 3개, 넬솔, 와이어(굵
은 것, 가는 것), 석고가루 1kg, 석고 섞을 볼,
석고 주걱, 다양한 색깔과 크기의 돌, 가위, 접
착제 또는 글루건

어 여 쁜 허 수 아 비

디자인 권지은

바람이 부는 대로 자유롭게 움직이는 허
수아비를 와이어와 틸란시아를 활용해
표현했다.

소재 양로, 틸란시아 , 솔방울
부재료 나무판과 철사, 넬솔

다 육 식 물 은
사 랑 을 싣 고

디자인 권지은

하트 모양의 행잉 소품에 다양한 컬러와 질감의
다육식물을 풍성히 담아 마음 가득 담은 사랑의
메시지를 표현했다.

소재 라울, 월토이, 애성, 온슬로우, 원종프리티, 긴잎적성,
을녀심, 퍼플릴라이트, 로게르시, 홍치아, 리틀젬
부재료 하트 모양 철제 소품, 넬솔

아름답고 실용적인 우리의 멋,
한지아트

한지아트란?

닥나무를 주원료로 만들어지는 한지는 질기고 부드러운 특성을 가지고 있어 우리나라에서 삼국시대부터 널리 유용하게 사용되었다. 이렇게 강인하면서도 은은한 매력을 가진 한지로 다양한 공예품을 만드는 것을 한지아트라고 한다. 생활에 필요한 물건들을 만드는 데 활용하는 한지공예는 만드는 방법에 따라 색지공예, 지장공예, 지호공예, 지승공예 등이 있으며 소박하면서도 실용의 미와 자연의 미가 잘 어우러지는 공예의 한 종류이다.

**한지아트,
이런 점이 좋다.**

– 부드럽고 따스한 느낌에 오랫동안 간직해도 싫증이 나지 않고 자연스러운 멋이 살아난다.
– 옛말에 '한지는 천년을 간다.'라는 말이 있을 정도로 질기고 단단해 오래 사용할 수 있다.
– 실내장식과 일상생활에서 사용할 수 있는 생활용품으로서의 실용성을 갖고 있다.

디자인_장영희

디자인_장영희

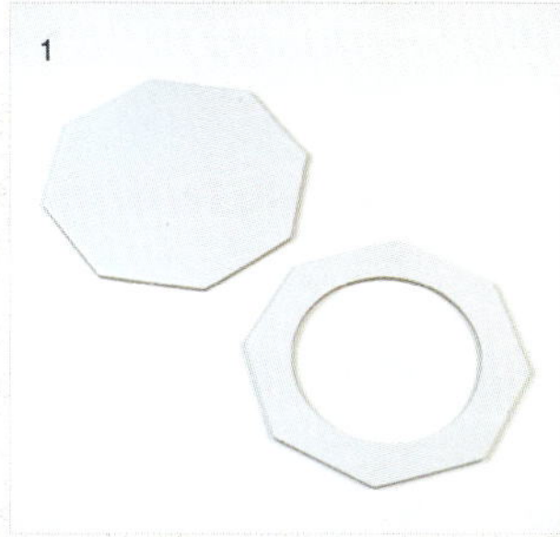

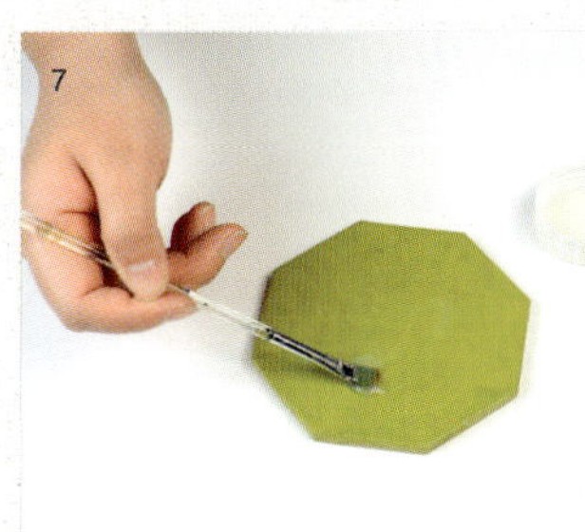

1. 팔각형으로 재단한 하드보드지 두 장을 준비한다.
2. 접착제로 겹쳐서 붙여준다.
3. 하드보드지와 같은 크기의 한지 한 장, 같은 모양으로 사방 2cm 가량 여유있는 크기로 한 장을 준비한다.
4. 홈이 있는 면에 큰 한지를 붙인다.
5. 똑같은 크기의 한지로 뒷면을 마감한다.
6. 컵 바닥이 오는 부분을 한지로 장식한다.
7. 바니쉬를 발라 광택감을 주고 방수처리가 되도록 한다.

디자인_장영희

봄 이 오 는 길 목

디자인 **장영희**

염색 한지를 이용해 매화를 표현하고 다육식
물과 함께 따뜻한 봄을 연출했다. 한지와 다
육식물의 부드러운 질감이 서로 잘 어울림을
보여주는 작품이다.

소재 애성, 녹귀란, 레티지아, 프리티, 리틀젬, 모란,
원종프리티, 웨스턴레인보우, 핑클루비
부재료 나무액자, 한지아트 재료, 넬솔

"

옛 날 옛 적 에

디자인 **장영희**

어린 시절에 뛰어놀던 시골집을 상상하며 만
든 작품으로 초가집과 다육식물의 조화가 아
름답다. 은은한 한지조명 아래에서 다육식물
이 그 싱그러움을 한껏 뽐낸다.

소재 애성, 레티지아, 녹귀란, 부용, 모란, 라울, 프리
티, 을녀심, 석연화
부재료 가위, 칼, 도배용 붓, 접착제, 종이테이프, 글루
건, 넬솔

다육아트 갤러리

진짜 고수들의 솜씨는 이런 것이다.
공예의 손길로 다시 태어난 다육식물들의 아름다움을 감상해보세요.

TOTORO

발 상 의 전 환

디자인 안금옥

작 은 바 위

디자인 안금옥

걸 이 꽃 병

디자인 안금옥

시 리 즈 꽃 병

디자인 안금옥

아! 네 모 네~

디자인 안금옥

거 북 선

디자인 안금옥

바 닷 가 의 여 유

디자인 **안금옥**

석고 구조물을
만들어 다육 심기

디자인 손인순

와이어를 이용한 행잉

디자인 손인순

신 랑 신 부

디자인 조계현

하트로 행운을 부르다

디자인 조계현

등 대

디자인 조계현

아 침 햇 살

디자인 조계현

폭포가 있는 풍경

디자인 조계현

와 인 잔

디자인 권지은

해 바 라 기 와 다 육

디자인 권지은

석 부 작

디자인 권지은

나 무 위 의 집

디자인 권지은

행복한 추억

디자인 권지은

새 둥 지

디자인 권지은

누 리 마 루

디자인 장영희

여 름 휴 가

디자인 이은정

동화 속 다육 정원

디자인 이은정

나른한 오후

디자인 이은정

투 명 다 육 액 자

디자인 이은정

그 리 움

디자인 이은정

작가 프로필

안금옥

경남 구미시 도봉로 67
010-4905-8080
cpfl3711@naver.com

Profile
한국 하모니공예 협회 작가
한국 하모니공예 협회 원예다육가드닝전문지도사
도자기 공예 흙으로 빚는 세상 작가

조계현

솜사탕 공방 인천광역시 연수구 벚꽃로142번길 31 1층
010-7372-5564
pinocho75@hanmail.net

Profile
한국 하모니공예 협회 작가
한국 하모니공예 협회 원예다육가드닝전문지도사
STEAM 방과후강사교육 협회 교육원장
한국 양초공예 협회 강사
한국 아트앤가드닝 협회 강사
러블리컨츄리 비누꽃플로리스트 강사
세이크래프트 방과후강사
세이크래프트 켈리크래프트 지도사
대한 천연디자인 협회 소이플라워캔들 강사

장영희

하모니 공방 대구광역시 달성군 다사읍 매곡리 1527-7
010-4525-7594
jyh7519@naver.com

Profile
한국 하모니공예 협회 작가
한국 하모니공예 협회 원예다육가드닝전문지도사
한국 아트 스토리 1급 지도자 강사(냅킨아트)
전통 공예협회 종이접기,아이클레이 강사
한국 생활수공예협회 퀼트, 리본공예 강사
해동 한지공예협회 강사

이은정

Art Harmony J 공방 대구광역시 수성구 범어로 20길
010-2378-5864
jeongart2378@gmail.com

Profile
한국 하모니공예 협회 작가
한국 하모니공예 협회 원예다육가드닝전문지도사
STEAM 방과후강사 교육협회 강사
한국 아트스토리 1급 지도사 강사(냅킨아트)
한국 아트앤가드닝 지도사 강사(도우아트)
한국 양초공예 협회 강사

권지은

하모니 공방 대구광역시 서구 서대구로 6길 31
010-2640-1469
jieunk1234@hanmail.net

Profile
한국 하모니공예 협회 작가
한국 하모니공예 협회 원예다육가드닝전문지도사
한국 아트 스토리 1급 지도자 강사(냅킨아트)
화인공예협회 와인딩공예 강사
하바플라리움/프리저브드 플라워 강사

김보경

레몬하우스
인천광역시 연수구 원인재로 180 우성2차아파트상가 238호
010-6424-0430
makinglemon@naver.com

Profile
한국 하모니공예 협회 작가
한국 하모니공예 협회 원예다육가드닝전문지도사
수리안 협회 가죽빈티지꼴라쥬 강사
한국 예쁜손글씨POP 협회 POP 강사
한국 리빙폼아트교육 연구회 리빙폼 강사
마마 핸디크래프트 냅킨아트 강사
대한 천연디자인 협회 소이플라워캔들 강사
한국 양초공예 협회 캔들 강사

손인순

도자기 마녀 키키 경남 김해시 덕정로 138번안길23 1층
010-5127-5401
sani-home@hanmail.net

Profile
한국 하모니공예 협회 회원
한국 가드닝예술 협회 작가
세이크래프트 캘리크래프트 지도사
세이크래프트 핸드데코 지도사
앙금플라워데코 전문지도사범

손주연

햇살정원 경기도 용인시 수지구 신수로 652
010-6411-6792
sonks7311@hanmail.net

Profile
한국 하모니공예 협회 회원
한국 가드닝예술 협회 수석작가
한국 꽃문화 협회 사범
한국 화훼장식 협회 원예관리사
화훼장식기능사
앙금플라워데코 전문지도사범
빈티지석고 전문가

특별 게스트

육선미

드림 농방 서울 송파구 송파동 113-2 4층
010-9452-4598
inallgreen@naver.com
http://cafe.naver.com/corkgardening

Profile
인올그린(대표) / 한국아트앤가드닝협회(대표)
도우아트, 코르크원예 개발자 / 대안교육 콘텐츠 전문가

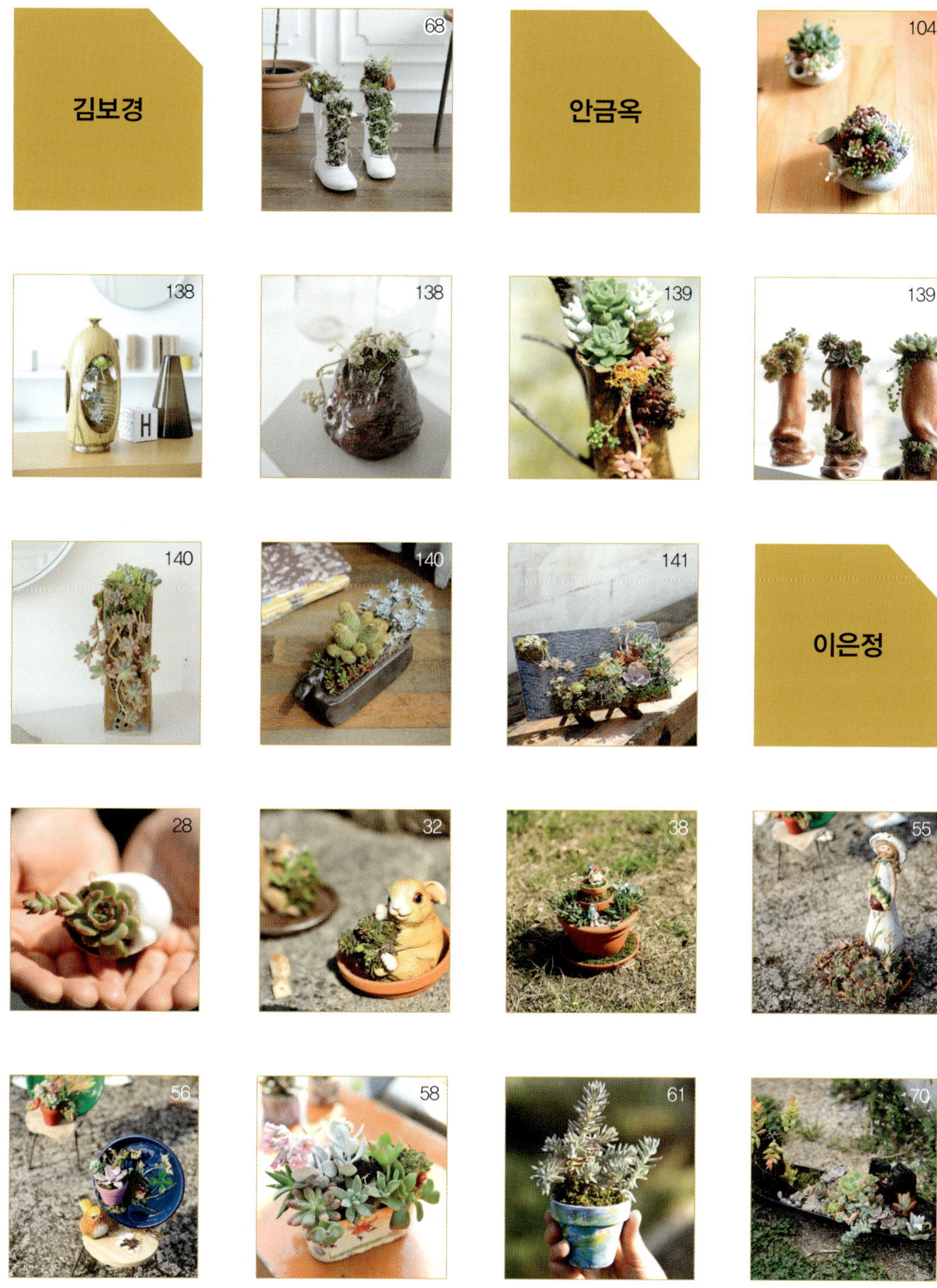
김보경
68
안금옥
104
138
138
139
139
140
140
141
이은정
28
32
38
55
56
58
61
70

장영희

조계현

102

143

143

144

144

145

손인순

24

26

36

51

66

114

128

142

142

손주연

52

90

92

94

106

108

110

111

112

126

육선미

42

43

43

43

43

44

46

넬솔 NELSOL

물과 반죽하면 굳어서 형상을 유지하는 배양토

넬솔 흙 사용방법

1. 넬솔(제품)과 물을 흙10:물4 비율로 섞어줍니다.

2. 약 20분 후, 흙에 실이 생길 정도로 점성이 생기면 준비 OK!

3. 넬솔을 소품에 고정시키고 식물을 식재합니다.

4. 벽면에 거는 경우, 흙의 표면이 마른 후에 걸어주세요.

넬솔 판매 사이즈

5리터(L) 1리터(L)

- ☐ 넬솔은 다육식물 전용 배양토입니다.
- ☐ 굳은 후 물을 주어도 형상이 유지되는 배양토입니다.
  (끝이 뾰족한 용기로 흙 부분에만 천천히 주세요.)
- ☐ 식물의 뿌리내림, 통기성, 배수성이 우수합니다.
- ☐ 완제품의 택배 발송, 벽면 및 다양한 공간에 작품 연출이 가능합니다.
- ☐ 주배합 재료 : 피트모스, 제올라이트, 참숯, 수용성 합성 고분자 바인더 등
- ☐ 판매처 모집 중

〈전국 넬솔 대리점〉

서울		
	박테라리움	010-3918-0623
경기		
군포	플라워갤러리	010-4056-8805
용인	햇살정원	010-6411-6792
오산	앤다락공방	010-5305-5014
강원		
	다육이랑옹기랑	010-9516-1003
인천		
	솜사탕공방	010-7372-5564
대구		
	다육이정원	010-7487-1700

울산		
	명촌꽃화원	010-8981-9271
경상		
	아트연구소	010-4905-8080
전남		
	솜씨공방	010-4525-7594
전북		
	아리랑다육정원	010-8894-0718
제주		
	j art	010-2378-5864
서귀포	고운플라워	010-2684-48??

한국하모니공예협회 회원모집 안내

한국하모니공예협회는

여러 공예 분야와 원예(다육식물)의 아름다운 하모니를 이루고자 2017년 3월 경 공예 분야의 작가들이 결성한 단체입니다. 올 4월 경 고양꽃박람회를 시작으로 대구꽃박람회, 각종 전시 및 화훼, 공예분야 행사에 참여하며 활동을 전개하고 있습니다. 또한 일본 가드닝 연수를 비롯한 회원 교육 프로그램을 계획, 운영하고 지난 7월 말에는 민간 자격증(원예다육가드닝 전문지도사)을 등록하여 회원들의 창작 활동을 지원하고 있습니다.

이에 저희는 협회의 지속적인 발전과 공예 분야의 활성화를 위해 함께 해주실 선생님들을 모시고자 합니다. 각 공예의 전문가이거나 초보인 분들도 저희 협회에 참여 의사가 있다면 부담 갖지 마시고 언제든지 문의해 주시길 바랍니다.

감사합니다.

2017 대구꽃박람회 참가현장

회원가입 문의 및 신청
한국하모니공예협회

경기	대구
고양 김미자 010-5238-2898	이은정 010-2378-5864
신은정 010-4266-4841	권지은 010-2640-1469
광주 민향이 010-7491-0514	장영희 010-4525-7594
남양주 박민희 010-9512-0037	**경남**
부천 송정옥 010-7572-4457	최유숙 010-4844-7768
성남 이영택 010-3706-5592	**경북**
안산 한지연 010-2580-2414	안금옥 010-4905-8080
안성 소선숙 010-8918-7062	권형숙 010-5358-9929
용인 홍은선 010-9903-2869	서미경 010-9842-7787
인천 조계현 010-7372-5564	손정혜 010-8562-4142
김보경 010-6424-0430	최안나 010-6545-7382
포천 강종숙 010-3513-7119	**제주**
한명희 010-9916-8875	고상미 010-7739-5143
전남	김정윤 010-8666-4909
장영신 010-7404-7889	이미례 010-2295-0707

꽃과 식물이 좋아지면
그럴땐,
꽃잡지
월간 플로라
Flora
The Special Flower Magazine
구독문의   TEL 02.323.9850   FAX 02.6008.2036   E-mail flowernews24@naver.com
1권 7천원, 정기구독 1년 7만원

GARDEN Geranium

GARDEN Geranium